Cristina Collado Revestido

El campeonato de surf

Ernst Klett Verlag
Stuttgart · Leipzig

1. Auflage 1 9 8 | 2023 22

Alle Drucke dieser Auflage sind unverändert und können im Unterricht nebeneinander verwendet werden. Die letzte Zahl bezeichnet das Jahr des Druckes.

Autorin: Cristina Collado Revestido, Santander

Redaktion: Miguel Freire Gómez
Satz: Thomas Gremmelspacher

Illustrationen: Katja Rau, Illustration Animation Malerei, Fellbach
Druck: Plump Druck & Medien GmbH, Rheinbreitbach

Printed in Germany.
ISBN 978-3-12-536905-4

9 783125 369054

Índice

1 ¡Cómo cambia la vida!

¡Hola, amigos!

Aquí voy a contar los extraños sucesos que han hecho cambiar mi vida.
Por cierto, me llamo Elías. Soy de Barcelona, pero vivo en Santander desde hace sólo un mes, y eso para mí es un problema. ¡Me aburro!
¿Mi familia? Mi familia no es grande. Mi padre se llama Antonio y es médico, mi madre, Rocío, trabaja en un restaurante y vivimos en un edificio pequeño cerca de la playa. Es decir, somos una familia como todas, muy normal.
Además, tenemos un papagayo que sabe decir unas pocas palabras (¡pero qué palabras!) y una perra, Centella, que es fantástica.
Yo también soy un chico normal: voy al instituto, me gusta la música hip hop, moderna, rock and roll. Me encanta el helado de chocolate, las patatas fritas y la pizza. Me gustan las películas de acción y también los cómics. Me gusta jugar con mis amigos a la playstation, claro que ellos viven en Barcelona y ahora sólo chateamos cuando mis padres me permiten estar en Internet. Echo mucho de menos Barcelona, bueno, ahora ya no mucho porque, como ya he dicho, mi vida ha cambiado radicalmente.

---

1 **cambiar** sich ändern – 3 **extraño, -a** merkwürdig – 3 **un suceso** ein Ereignis – 10 **es decir** das heißt – 20 **permitir** erlauben – 21 **echar de menos** vermissen

2 Santander: Mi nueva ciudad

Mi historia empieza aquí, en Santander. Es la ciudad donde vivo ahora porque mi padre tiene un nuevo trabajo en el hospital.

Pero, ¿cómo es Santander? Santander está en el norte y llueve mucho, bueno, mucho no, ¡¡muchísimo!! Además de llover, pues… no pasa gran cosa. Es bastante pequeño, no es como Barcelona, tan grande, tan excitante, con tantas cosas que ver. No, Santander es distinto, muy distinto. Pero bueno, no quiero ser negativo: también tiene sus cosas buenas: es muy verde, tiene montañas y también mar. Además, tiene un palacio enorme que ahora es una universidad y en verano hay estudiantes de muchos países. También hay un estadio de fútbol, el equipo se llama Racing de Santander, pero yo sigo siendo del Fútbol Club Barcelona, que es el mejor equipo del mundo. Una cosa bastante buena es que, cerca de Santander, hay una reserva natural con animales exóticos como elefantes, tigres, jirafas, gorilas, leones… Allí me ha llevado mi padre. Ha pensado que así no voy a pensar en mi vida en Barcelona. ¡Buen intento, papá!
Pero lo mejor de Santader son sus playas, El Sardinero, El Camello, Los Peligros… donde los chicos hacen surf. ¡Es genial!
Además, es aquí, en la playa, donde voy a conocer a Julia y con ella empieza mi aventura ¿o tengo que decir mis problemas?

---

11 **una montaña** ein Berg – 17 **una reserva natural** ein Naturschutzgebiet – 20 **un intento** ein Versuch

3 En la playa de El Sardinero

Hoy he ido a la playa con mi perra Centella. Allí hay chicos y chicas que están haciendo surf. Me he sentado en la arena y los observo. ¡Qué envidia!

«¡Oye, chico! ¿Es éste tu perro?» dice una voz de chica a mis espaldas. Me doy la vuelta y veo a dos chicas con traje de surfista que me están mirando. Las conozco, pero ¿de dónde? Ah, sí, de mi instituto.

Julia: ¿Estás sordo? Te estoy preguntando que si éste es tu perro.
Elías: Sí, pero es una perra y tiene nombre: se llama Centella.
Julia: Pues Centella está sobre mi chaqueta.
Elías: Perdona. Centella, ven aquí, ven.

Centella deja la chaqueta y viene hacia mí.

Julia: Gracias. Y tú ¿tienes nombre?
Elías: Me llamo Elías.
Julia: Yo soy Julia y ésta es Marta.

Parecen bastante agradables. Me sonríen y empiezan a recoger sus cosas. Yo me doy la vuelta y sigo mirando a los chicos que hacen surf.

Marta: Oye ¿tú haces surf?
Elías: No, desgraciadamente no. Vosotras, sí, ¿verdad? Parece que aquí todo el mundo hace surf.
Julia: No, muy poca gente lo hace. Nosotras ahora hacemos un descanso porque las olas no son buenas. Hay que entrenar para el campeonato.

---

3 **sentanse** sich setzen– **la arena** der Sand – 4 **la envidia** der Neid – 6 **darse la vuelta** sich umdrehen – 9 **sordo** taub – 18 **sonreír** lächeln – 25 **una ola** eine Welle – 26 **entrenar** trainieren – **un campeonato** eine Meisterschaft

Elías: ¿Qué campeonato?

Julia: En unas semanas hay un campeonato de surf. Es un campeonato bastante importante. Vienen surfistas de toda España. Es muy emocionante.

Marta: Tú eres nuevo en la ciudad, ¿verdad?

Elías: Sí. ¿Por qué?

Marta: Porque no conoces a Julia, es la surfista número 1 en Santander. ¿De dónde eres? ¿De Marte?

Elías: No, de Barcelona. Allí no hay muchas olas. Y tú, ¿¿¿eres campeona de surf???

Julia: No soy mala y me gusta mucho el surf. ¿Te gusta el surf?

Elías: Sí, claro, mucho. Pero no sé.

Julia: Aprender es fácil. Sólo necesitas practicar. ¿Practicas otros deportes?

Elías: Soy bueno con el skate.

Julia: Perfecto para el equilibrio. ¿Tienes tabla?

Elías: No.

Julia: uhmmm … necesitas también un traje de neopreno… aquí el agua está muy fría. Bueno, a lo mejor te podemos enseñar, ¿verdad, Marta?

Elías: ¿Sí? ¡Genial! ¿Cuándo?

Julia: ¿Ahora tienes tiempo?

Elías: ¿Ahora mismo? Bueno…

Marta: Creo que nuestro nuevo amigo tiene muchas excusas. Quizás tiene miedo.

Elías: ¿Miedo? ¿Yo? Claro que no. Pero necesito…

Julia: Sólo necesitas olas buenas y una tabla.

Elías: No tengo la tabla, ya te lo he dicho.

Julia: Otra excusa. Yo te dejo mi tabla.

Elías: ¿Y qué hacemos con mi perra?

Julia: Puede estar sola. Creo que no tiene problema. ¡Vamos chico de Barcelona! ¡Las olas nos esperan!

---

16 **el equilibrio** das Gleichgewicht – **una tabla** ein Surfbrett – 29 **una excusa** eine Ausrede – 29 **el miedo** die Angst

4 El surf no es fácil

El agua del mar está fría, muy fría. Quiero salir del agua, pero no lo hago, sino van a pensar que soy un cobarde. Marta y Julia me explican cómo tengo que hacer para estar sobre la tabla. Parece más fácil de lo que es. Yo me caigo una y otra vez. Ellas se ríen un motón y yo me estoy divirtiendo muchísimo.

Julia: Elías, sube a la tabla, mantén el equilibrio unos segundos.

Imposible. Me caigo. Ellas se ríen. Julia me explica que al principio es complicado y que el equilibrio es muy importante. Pero a mí me parece imposible. Además, creo que la tabla me odia. Ahora veo que viene hacia nosotros otro de los surfistas. Es un chico rubio, alto, fuerte y un poco arrogante. Julia lo saluda. Parece que lo conoce.

Julia: Hola, Roberto. Mira, éste es Elías, un chico de Barcelona. Está aprendiendo surf.
Roberto: ¿Ahora eres profesora?
Julia: Sí, hoy no quiero entrenar más.
Roberto: ¿Ah sí? Bueno, lo siento mucho por ti, porque el campeonato es en pocas semanas. Pero creo que no tienes muchas posibilidades. Tengo, además, una tabla nueva que es genial, con ella puedo volar sobre las olas.
Julia: Claro, todos los años dices lo mismo.
Roberto: Adiós, perdedora.

Roberto se va y ni se ha despedido de mí. Bueno, ni me ha mirado. Me ha parecido superantipático.

---

3 **un cobarde** ein Feigling – 5 **caer** (herunter)fallen – 7 **subir** aufsteigen – 7 **mantener** halten – 21 **una posibilidad** eine Chance – 22 **volar** fliegen – 24 **un perdedor / -a** Verlierer(in)

Elías: ¿Quién es ese idiota?

Julia: Un chico de aquí, y es muy bueno como surfista, pero es insoportable. Viene aquí para entrenar y observar a los demás. Es muy inteligente, pero sólo le interesa ganar, ser el número 1. No disfruta de las olas, del mar. No entiende la filosofía del surf.

Elías: ¿Pero hay una filosofía del surf?

Julia: Claro, el surf no es un deporte, es un estilo de vida.

Hacer surf significa ser libre. Cuando haces surf, sólo estáis el mar y tú. Es la sensación más fantástica del mundo. Es la libertad absoluta.

Elías: Los surfistas estáis locos.

Julia: A lo mejor un poco. ¿Probamos otra vez?

Elías: Sí, por supuesto. Por cierto, ¿voy a necesitar mucho tiempo para aprender surf?

Julia: No sé, más o menos 2 ó…

Elías: ¡¿… 3 semanas?!

Julia: … años.

Elías: ¡¡¡Qué!!!

Julia se empieza a reír de nuevo.

Julia: Es broma. Tú eres ya casi un profesional. Oye, mañana tengo una sorpresa para ti, pero tienes que coger la tabla y probar otra vez, ¿de acuerdo?

Elías: ¿Una sorpresa? Me encanta.

---

3 **insoportable** unerträglich – 5 **disfrutar** genießen – 21 **una broma** ein Witz

5 En el salón de actos

Hoy he ido al instituto con más ganas que nunca. Tenía ganas de ver a Julia y a Marta. Cuando le he dicho a mis padres que hoy he quedado con amigos, han flipado. Se están preguntando que desde cuándo tengo amigos. En fin, la vida cambia y no se han enterado. Bueno, he quedado con las chicas en el salón de actos del instituto y allí están ellas cuando llego.

Julia: Hola, Elías, ¿cómo te va?
Elías: Bastante bien.

El salón de actos está vacío. No hay nadie. Yo miro a ver si hay algo especial y pienso cuál puede ser la sorpresa que tienen para mí las chicas.

Marta: ¿Estás buscando algo, Elías?
Elías: Sí, mi sorpresa.
Julia: La preparamos ahora. La próxima semana hay un concierto y van a tocar los Rocambole. ¿Los conoces?
Elías: ¿Los Rocambole? Son superbuenos. Tienen una guitarra fantástica. ¿Y van a tocar aquí?
Julia: Claro.
Elías: Pues sí es una sorpresa. ¡Quién podía pensar esto de este instituto!
Marta: Aquí los profesores son muy enrollados, hacemos conciertos, competiciones de hip-hop y de skate. Tenemos incluso concurso de cómics.
Elías: ¡Qué bien! ¡Qué distinto de mi instituto de Barcelona! Mi instituto allí es muy tradicional.

---

2 **las ganas** die Lust – 10 **vacío, -a** leer – 6 **enterarse** erfahren – 22 **enrollado, -a** cool – 24 **un concurso** Wettbewerb –

Marta: Bueno, chicos, ¿empezamos con el trabajo? ¿Qué necesitamos para el concierto? Sólo falta una semana y lo tenemos que preparar.

Julia: ¿A qué hora empieza el concierto?

Marta: A las 19:00. Pero antes hay un maratón de cine.

Elías: ¿Qué películas ponen?

Julia: El Señor de los Anillos, las tres películas en versión original.

Elías: Con subtítulos, espero.

Marta: Sí, y también va a haber comida y bebidas.

Julia: Entonces necesitamos sillas, mesas, estanterías…

Elías: Sillas, más o menos... 100.

Julia: Voy al sótano a buscar sillas.

Elías: ¿Necesitas ayuda?

Julia: Claro, ¿vamos?

6 El Sótano

Julia y yo vamos al sótano. Julia está un poco sorprendida porque la puerta está abierta. Ella me cuenta que allí no entra nunca nadie y la puerta siempre está cerrada con llave. El sótano del instituto parece enorme. Las paredes son grises y hay fotos en blanco y negro de Santander. Hay muchos muebles viejos, hay mesas, sillas, armarios, un sofá. Todo está muy desordenado. En las estanterías hay muchos libros; todo tiene mucho polvo. Tenemos que ir despacio porque no hay luz. Parece que las lámparas se han fundido.

---

7 **la versión original** die Originalfassung – 13 **un sótano** ein Keller
20 **una pared** eine Wand – 24 **despacio** langsam – 25 **fundirse** durchbrennen

Julias: ¡Cuidado! Aquí están las escaleras.

Elías: ¡Qué sótano! ¡Parece un museo!

Julia: Sí, ¿sabes? El instituto es muy antiguo, tiene más de 100 años.

Elías: Sí, ya veo, y las sillas tienen 150 años, ¿no?

Julia: A mí me gusta. Es misterioso.

En ese momento oímos algo. Parece que no estamos sólos. Yo empiezo a tener miedo y le propongo a Julia irnos de allí. Pero ella no quiere. Me dice que allí no hay nadie y que a lo mejor son sólo ratones. Pero de repente me pone la mano en la boca, me mira con los ojos muy abiertos y me dice que tengo razón, que no estamos solos. Con la otra mano señala hacia alguien. No podemos ver quién es porque todo está muy oscuro.

Julia: Creo que es el director.

Elías: ¿El director? ¿Qué hace aquí?

En ese momento vemos como el director esconde cosas en una bolsa. En ese momento se da la vuelta. Nosotros no nos movemos, ni respiramos. Por un momento el director se queda quieto y mira en nuestra dirección, pero todo está tan oscuro que no puede vernos.

---

1 **una escalera** eine Treppe – 10 **un ratón** eine Maus – 10 **de repente** plötzlich – 12 **señalar** zeigen – 16 **esconder** verstecken – 19 **quedarse quieto** stillstehen

Empieza a recoger todo rápidamente y algunas cosas se le caen al suelo. Después se va. Nosotros estamos asustados. La situación nos ha dado miedo, pero no sabemos por qué. Tampoco es tan raro que un profesor esté buscando documentos o algún libro antiguo. Pero todo es bastante raro. Julia ha ido hacia adelante y ha tomado algo del suelo.

Julia: Mira
Elías: ¿Qué es?
Julia: Una foto antigua.

Es una foto antigua en blanco y negro. Allí veo nuestro instituto y un grupo de antiguos profesores y alumnos. La foto tiene la fecha de 1910.

Julia: ¿Conoces a alguien? Mira, en el centro de la foto está el director.
Elías: ¡Sí! Pero es imposible, esta foto es de 1910.
Julia: Pues es él, claramente.

De nuevo volvemos a escuchar unos pasos en las escaleras y nos escondemos tras un armario. Vemos que el director vuelve. Se acerca y busca algo en el suelo y por encima de las mesas, pero no encuentra nada y se va.

Julia: Nos tenemos que ir de aquí.
Elías: No es normal.
Julia: ¿Piensas que quiere la foto?
Elías: Seguro que sí.
Julia: Empiezo a tener un poco de miedo.
Elías: ¿Un poco? Yo tengo mucho, mucho miedo.
Julia: Espera, ven, ¡tengo una idea!

---

2 **asustado, -a** erschrocken

7 La sospecha

Julia y yo hemos vuelto al salón de actos, y hemos buscado a Marta y le hemos contado lo que hemos visto. Ella también está un poco sorprendida y quiere ver enseguida la foto.

Marta: ¿Dónde tenéis la foto?
Julia: Aquí. ¿Ves? Es el director, está en el centro de la foto. No entiendo cómo es posible.
Elías: ¿Quiénes son estas personas en la foto?
Marta: No lo sé. Hay unos 20 niños, llevan pantalones cortos y camisas a rayas. Creo que es un uniforme. Tres profesores y un perro.
Julia: ¡Increíble! La foto es de 1910. Nuestro instituto es superviejo.
Marta: No, nuestro director tiene 130 años. Eso es increíble. A propósito, ¿os ha visto?
Elías: Creo que no.
Julia: ¿Estás seguro? Yo pienso que sí.
Marta: Ahora lo primero es averiguar qué hace el director en una foto de 1910.
Elías: Seguro que hay una explicación lógica.
Julia: Claro, el director tiene 130 años, pero parece que tiene 35 años. Es algo muy normal, ¿no creéis?
Elías: Claro que no, ¿tenéis alguna idea?
Marta: Existen varias opciones, por ejemplo el director no es humano, es un zombi, un alien…
Julia: O un monstruo del universo o Batman o Supermán…
Marta: En serio, hay una explicación lógica.
Julia: Y es…

---

10 **a rayas** gestreift – 18 **averiguar** herausfinden – 24 **una opción** eine Möglichkeit – 25 **humano, -a** menschlich

Marta: El director es un vampiro.

Elías y Julia: ¿¿¿Qué???

Julia: ¿Un vampiro? ¡Qué tontería!

Marta: He visto una película sobre vampiros muy interesante. Los vampiros no mueren, viven y trabajan entre humanos y tampoco duermen. Comen por las noches. Les gusta mucho leer, la cultura, la música, la literatura…

Julia: ¿Tú crees todo lo que ves en las películas? Tiene que haber otra explicación.

Elías: Ahora tenemos que escondernos y no decir nada. Es nuestro secreto. Mañana empezamos a buscar información.

Julia: Vale. Una última pregunta. ¿Necesitamos ajos? Porque yo odio los ajos.

Marta: Muy graciosa Julia, pero esto es muy serio.

Julia: Espera, qué tontos somos. Pero ya sé quién nos puede ayudar.

Marta y Elías: ¿¿¿Quién???

---

5 **morir** sterben – 13 **un ajo** ein Knoblauch – 16 **tonto** dumm

8 Empiezan los problemas

Marta y yo hemos hablado sobre posibles explicaciones al misterio de la foto y el director. Julia ha propuesto ir a hablar con el bedel del instituto, Manuel, un señor mayor. Tiene 60 años o más y trabaja en el instituto desde hace 40 años. Si alguien sabe algo sobre la historia del instituto es él.

Manuel: Hola, chicos, ¿qué tal estáis? ¿Qué os trae por aquí?
Marta: Hola, Manuel, tenemos algunas preguntas.
Manuel: Muy bien, ¿qué queréis saber?
Elías: Estamos buscando información sobre la historia del instituto y en Internet no hay mucha. ¿Nos puedes ayudar?
Manuel: Por supuesto, el instituto es del año 1839. Hay más información en los armarios del sótano, pero están cerrados con una llave que tiene el director.
Marta: Yo he estado en la biblioteca y sólo hay dos libros sobre el instituto. Pero no hay fotos. ¿Sabes por qué Manuel?
Manuel: Sí, desde el Gran Incendio de Santander de 1941 toda la información y las fotos se han perdido.
Elías: ¿Ha habido un incendio en Santander?
Manuel: Sí. Todo el casco antiguo de Santander se quemó en una noche. Lo siento mucho chicos, pero no sé nada más.

Marta y yo nos despedimos un poco tristes porque no hemos obtenido mucha información. Y la historia del vampiro, que tanto me gusta, no tiene mucho sentido. Cuando salimos del colegio, vemos a Julia que se acerca y nos saluda.

---

4 **un bedel** ein Hausmeister – 19 **un incendio** ein Brand – 22 **el casco antiguo** die Altstadt – **se quemó** brannte … aus – 25 **obtener** bekommen

Julia: Hola, detectives. ¿Dónde habéis estado? Ahora hay que olvidar las aventuras de Drácula porque tenemos que entrenar para el campeonato de surf, ¿recuerdas, Marta?

Marta: Claro, ¿a qué hora quedamos?

Julia: A las 6:30 en la playa del Sardinero. Elías, ¿quieres venir?

Elías: Pero ¿vais a quedar a las 6:30? ¿No es un poco pronto?

Marta: Claro que no, para el surf hay que levantarse pronto, dormilón. Mañana la mejor marea empieza a las 7:00.

Elías: Vale, pero todavía no tengo el traje de neopreno. ¿Dónde puedo alquilar uno?

Marta: En el Sardinero hay varias tiendas donde puedes alquilar trajes de neopreno y no son muy caros.

Elías: ¡Vale! Bueno, nos vemos mañana, ahora me tengo que ir.

Me despido de las chicas y cuando empiezo a recoger mi chaqueta y mochila, veo que del bolsillo de la chaqueta sale una nota. La leo y me quedo algo asustado. Las chicas me miran y preguntan qué me pasa. Les doy la nota. En ella hay una amenaza: «No metas las narices en cosas que no te incumben y desaparece, si no te vas a arrepentir».

---

2 **olvidar** vergessen – 9 **un dormilón, una dormilona** eine Schlafmütze – 9 **la marea** Gezeiten – 11 **alquilar** ausleihen – 17 **un bolsillo** Tasche – 20 **meter las narices** die Nase stecken – 20 **incumben** angehen – 21 **arrepentir** bereuen

9 ¡Qué noche!

Esta noche no puedo dormir. No puedo parar de pensar quién me ha escrito la nota y por qué. Me he preguntado si es a causa de la foto, pero ¿por qué me escribe una amenaza el director? Él sólo necesita hablar con nosotros o, peor, hablar con nuestros padres y decirles que le hemos robado una foto. En ese caso voy a tener problemas con mis padres y muy serios. Seguro que no me dejan estar con Julia y Marta porque son una mala influencia para mí o algo así van a decir. ¿Pero si no es el director? ¿Quién ha sido? En Santander no conozco a casi nadie, es decir, que no tengo muchos amigos, pero tampoco enemigos. Además, ¿en qué he metido las narices? No entiendo nada, absolutamente nada. Además, mi perra Centella está muy nerviosa, corre por toda la casa y ha despertado a toda la familia. Mi padre está ahora de muy mal humor, pero yo no puedo tranquilizar a la perra. He mirado por la ventana, pero no hay nadie en la calle. ¿O sí? Me ha parecido ver… no es sólo mi imaginación, es sólo la lluvia. Está lloviendo. ¡¡Está lloviendo!! ¡Qué mala suerte! Si no para de llover no voy a poder ir a la playa con las chicas. ¡¡¿Por qué tiene que llover tanto en esta ciudad?!! ¡Maldita sea! Y ya son casi las cuatro de la mañana y me tengo que levantar en dos horas. ¡Qué día me espera mañana!

---

2 **parar** aufhören – 3 **a causa de** wegen – 9 **la influencia** der Einfluss – 14 **correr** rennen

10 En la playa

El despertador ha sonado y yo estoy cansadísimo. Lo primero que hago es abrir la ventana y mirar al cielo. Todavía está oscuro, pero por suerte ha parado de llover. Me visto rápidamente, me preparo algo para desayunar y salgo para la playa. Cuando llego, las chicas ya están allí.

Julia: Buenos días, surfista. No eres muy puntual.

Elías: A las 6:30 de la mañana no existen los buenos días. Tengo sueño, casi no he desayunado, hace mucho frío y además, está muy oscuro. No se ve nada.

Julia: Vamos, no te quejes, después de 5 minutos te olvidas del frío. Y va a ser divertido. ¿Ya tienes la tabla y el traje de neopreno?

Elías: Sí, el traje lo he alquilado, pero me está perfecto.

Julia: Muy bien, vamos a ver qué clase de surfista eres.

Elías: El mejor. Voy a volar sobre las olas.

Julia: Por supuesto, delfín. Vamos al agua y Centella puede jugar en la playa.

Elías: Sí, buena idea. A lo mejor se tranquiliza. Esta noche ha ladrado mucho, nos ha despertado a todos. ¡Qué noche nos ha dado!

Hablamos un poco más y después nos vamos al agua. Como me había imaginado, está friísima. Las chicas parecen no notarlo, pero yo me estoy congelando a pesar del traje de neopreno. Me duelen las manos y la cara. ¡Y qué difícil es ponerse sobre la tabla! Me caigo una y otra vez. «Elías, mira ahí» oigo decir a Julia y veo que señala con el dedo, «es una ola perfecta». Miro para delante y veo la ola, no sé si es perfecta o no, lo que veo es que es enorme. Intento subir otra vez

---

3 **el cielo** der Himmel – 9 **tener sueño** müde sein – 20 **ladrar** bellen – 24 **congelarse** erfrieren – 25 **doler** wehtun

a la tabla, pero algo pasa con la tabla, parece que se rompe y la ola se acerca y… parece que estoy dentro de una lavadora: No sé donde estoy. No soy capaz de ver nada. No sé dónde es arriba o abajo. Sólo doy vueltas. Ahora estoy en la arena. La ola me ha llevado por suerte hacia la orilla. He tragado algo de agua y toso. Las chicas se acercan.

Julia: Elías, ¿estás bien?
Elías: Sí, estoy vivo. ¿Dónde está mi tabla? No entiendo qué ha pasado, he cogido la ola bien.
Julia: ¿Y por qué te has caído?
Elías: Mira, la tabla se ha roto.
Julia: Es imposible. Tu tabla es nueva.
Elías: Pues aquí la tienes en dos trozos.
Julia: Un momento la tabla está cortada. No ha sido un accidente.
Elías: ¡¿Qué?! ¿Quién ha podido hacerlo?
Julia: Y ¿por qué?
Elías: Ahora comprendo por qué Centella ha ladrado y ha estado tan nerviosa esta noche. Alguien ha entrado en el garaje y ha cortado la tabla.
Julia: La situación ya es muy seria. Ayer la nota y hoy la tabla. Tenemos que hacer algo.
Elías: Sí, se lo tenemos que decir a mis padres o …
Julia: No vamos a decir nada. Hoy después de las clases vamos a volver al sótano.
Elías: ¿Al sótano? ¿Crees que es buena idea? Yo creo…

Pero no puedo terminar la frase pues oímos una voz detrás de nosotros. Nos damos la vuelta y vemos a Roberto que se está riendo.

---

1 **romperse** brechen – 2 **una lavadora** eine Waschmaschine – 6 **toser** husten – 5 **la orilla** das Ufer – 13 **un trozo** ein Stück – 14 **cortar** durchsägen – 15 **un accidente** ein Unfall – 27 **una voz** eine Stimme

Roberto: Vaya, parece que el nuevo surfista tiene algunos problemas.

Julia: No es gracioso, ha podido pasar algo grave.

Roberto: Sí, por eso no hay que meterse en el mar si no se sabe hacer surf. A lo mejor has aprendido hoy la lección, Elías.

Marta: Déjanos en paz. Venga, chicos, vamos a tomar un chocolate caliente.

Empezamos a recoger nuestras cosas y nos vamos. Nuestro buen humor ha desaparecido y yo me siento fatal, avergonzado y algo humillado. Y lo peor, empiezo a tener miedo de verdad. ¿Quién quiere hacerme daño?

11 Sin salida

Estamos los tres en el instituto. Julia entra en el despacho del director. Marta y yo la esperamos en el pasillo y miramos si viene alguien. Estamos muy nerviosos. Por fin sale Julia.

Julia: Ya tengo las llaves.

Elías: Perfecto.

Marta: ¡Vamos! Yo he traído una linterna. Por cierto he preguntado a los vecinos por el director: vive solo desde hace 5 años, no tiene mujer y tampoco tiene hijos. Tiene dos gatos grises.

Julia: ¿Y sabes algo de su carácter?

---

4 **meterse en el mar** ins Wasser gehen – 10 **sentirse avergonzado** sich schämen – 11 **humillado** gedemütigt – 12 **hacer daño a alg.** jdm. wehtun – 14 **un despacho** ein Arbeitszimmer – 17 **una llave** ein Schlüssel – 19 **una linterna** eine Taschenlampe

Marta: Sí, le gusta estar solo, le gusta pasear. Está en un club de ajedrez. También le gusta mucho la música clásica. Siempre escucha ópera por las noches. Además, es muy simpático, amable y trabajador…
Julia: Vamos, un vecino perfecto.
Marta: Ningún vecino tiene problemas con él.
Elías: Pues a mí me quiere matar.
Julia: Bueno, ahora lo tenemos que demostrar. ¡Vamos!
Elías: Dame la linterna porque no veo nada.
Marta: Aquí a la derecha hay una estantería con documentos antiguos. A lo mejor encontramos algo interesante.

De repente escuchamos un ruido bastante fuerte. Ha sido la puerta que se ha cerrado. Nos quedamos en silencio y esperamos. Pero no pasa nada. Nos hemos puesto muy nerviosos y queremos salir, pero no podemos abrir la puerta.

Julia: ¿Qué ha pasado?
Marta: Creo que alguien nos ha encerrado.
Elías: No importa. Dame las llaves.
Julia: Eh… están en la puerta, pero por el otro lado.
Marta: ¡Estupendo! Vamos a pasar aquí el resto de nuestras vidas. Nadie sabe que estamos aquí.
Julia: A lo mejor hay otra puerta… Sí, ¿por qué no? Las casas antiguas siempre tienen puertas secretas.
Elías: El problema de las puertas secretas es que nadie sabe dónde están.
Marta: Un momento, ¿os acordáis de los planos antiguos del instituto?
Elías: Claro, están allí.

---

2 **el ajedrez** das Schach – 8 **demostrar** beweisen – 12 **quedarse en silencio** Stillbleiben – 17 **encerrar** einsperren – 23 **una puerta secreta** eine Geheimtür –

Vamos hacia la estantería y buscamos los planos del instituto. Con la linterna alumbramos los planos y buscamos nerviosos una salida. Para mi sorpresa encuentro otra puerta en el plano.

Elías: Mirad, hay una salida al fondo a la derecha.

Las chicas y yo corremos hacia donde está la puerta que marca el plano. Pero no vemos nada. En las paredes no hay ninguna puerta. Ahora estamos muy desilusionados. De repente Julia grita contenta.

Julia: He encontrado algo. Debajo de la mesa, ¡en el suelo! Hay una trampilla.
Elías: ¿Puedes abrirla?
Julia: No, está cerrada.
Elías: Déjame probar. Soy bueno con las puertas cerradas.
Julia: ¿Ah sí? El chico de Barcelona también tiene un pasado misterioso.
Elías: Ya está abierta. ¡Vamos!
Marta: Muchas gracias, Elías. ¿Dónde has aprendido a abrir puertas?
Elías: Es mi secreto, chicas.
Julia: ¿Dónde estamos?
Marta: En la cocina del comedor.
Elías: ¡Qué guay! Tengo mucha hambre.
Julia: Tú siempre estás pensando en comer.
Elías: Pienso mejor con comida.
Marta: Tenemos que salir del instituto y organizar un plan.
Julia: Vamos a mi casa, mis padres han ido al cine y estamos solos.
Elías: Y claro, comemos algo.
Julia y Marta: ¡Elías!

---

2 **alumbrar** anleuchten – 9 **gritar** schreien – 11 **una trampilla** eine Falltür – 20 **un secreto** ein Geheimnis

12 La playa de la Muerte

En casa de Julia hemos comido pizza, pero no hemos organizado ningún plan. No tenemos ni idea de lo que vamos a hacer. Me he despedido de ellas y me voy para casa. En el camino alguien me saluda. Lo que faltaba: ¡Roberto!

Roberto: Hola, Elías, ¿cómo te va? ¿Ya eres un experto del surf?

Elías: Un experto todavía no, pero estoy entrenando.

Roberto: Sí, te he visto en la playa de El Sardinero.

Elías: Ahora puedo coger olas pequeñas.

Roberto: Claro, en el Sardinero sólo hay olas pequeñas. ¿Quieres hacer surf en una playa para surfistas profesionales?

Elías: Bueno... no sé.

Roberto: En El Sardinero sólo entrenan niños. Yo conozco una playa perfecta para hacer surf. Nosotros la llamamos «La playa de la Muerte», tiene unas olas fantásticas. ¿La conoces?

Elías: No, nunca he estado allí.

Roberto: Voy a hacer surf ahora, ¿quieres venir?

Elías: No sé...

Robero: Vamos, no seas cobarde.

No sé por qué, pero me dejo convencer. A lo mejor no quiero que Roberto piense que soy un cobarde. Como mi tabla está rota, Roberto me deja una. Hoy está simpatiquísimo conmigo. A lo mejor va a ser mi nuevo amigo. Le propongo llamar a Julia y a Marta, pero él dice que no quiere hacer hoy surf con chicas. A mí no me importa hacer surf con chicas, pero pienso que a lo mejor puedo conocer mejor así a Roberto.

---

23 **convencer** überzeugen

Necesitamos media hora para llegar a la playa. La playa está al lado de un bosque y hay muchas olas. Las olas son enormes.

Roberto: Ésta es la playa. Es muy grande y no hay mucha gente. Sólo algunos surfistas. Las olas son muy buenas y hay mucho viento.

Miro las olas y me entra mucho miedo.

Elías: Pero... las olas son supergrandes. ¿No es peligroso?
Roberto: Hemos llegado hasta aquí, ahora no puedes decir no. Tienes que hacer surf. Yo te ayudo.
Elías: Pero, ¿tú crees que puedo? He empezado con el surf hace pocos días.
Roberto: ¡Vamos al agua!

Las olas son bastante grandes y en el mar hay muchas corrientes. Pero me meto con la tabla al agua. De repente no puedo controlar la tabla. Le pido a Roberto ayuda, pero él ya no está allí. Lo veo en la arena que se aleja de la playa. Me ha dejado solo... Y no hay nadie. Intento ir hacia la orilla, pero me es imposible. Hay un hombre en las rocas que me hace señas y me grita. Pero casi no puedo oír lo que dice.

Hombre: ¡Eh, chico! ¡Nada hacia la orilla!
Elías: ¡No puedo salir! ¡La corriente es muy fuerte!
Hombre: No tienes que nadar contra la corriente. Nada paralelo a la costa para salir de la corriente.

Hago lo que el hombre me dice. Estoy muerto de miedo y de cansancio. Pero nado como él dice y... ¡funciona! Consigo salir

---

2 **un bosque** ein Wald – 6 **el viento** der Wind – 8 **peligroso, -a** gefährlich – 14 **una corriente** eine Strömung – 17 **alejarse** sich entfernen – 19 **un hombre** ein Mann – 19 **una roca** ein Felsen

de la corriente. Me duele todo el cuerpo: los brazos, las piernas, la espalda, hasta las orejas. Cuando llego a la arena el hombre se acerca. Lo miro para darle las gracias y…

Elías: ¡¡Director!!

Director: Sí, y tú, ¿estás loco? Ésta es la playa más peligrosa de la región.

Elías: Pues… un amigo me ha dicho que esta playa es fantástica para el surf.

Director: Mejor te buscas otro amigo. ¡Vamos! Ahora necesitas un chocolate caliente. Tú y yo vamos a tener una conversación.

13 Algunas respuestas

En el despacho del director estamos las chicas, el director y yo.

Director: Hola chicos, por fin puedo hablar con vosotros.

Julia: Sí, hemos tenido muchos accidentes los últimos días. Pero muchas gracias por ayudar a Elías.

Director: Sí, Elías piensa que es el número 1 de las olas. ¿Desde cuándo practicas surf?

Elías: Desde hace dos semanas. ¿Y qué hacía usted en la playa de la Muerte?

Director: Vivo muy cerca. Siempre paseo por la tarde y esa playa me gusta mucho porque no hay gente. ¿Pero qué accidentes habéis tenido esta semana?

---

2 **hasta** sogar

Julia: Alguien nos amenazó la semana pasada. Nos escribió un mensaje.

Elías: Y después nos encerró en el sótano. Y también rompió mi tabla hace dos días. ¿Qué sabe usted de eso?

Director: ¿Qué quieres decir, Elías? ¿Crees que he sido yo?

Elías: ¿Y quién ha sido entonces? Nosotros sabemos lo de la foto.

Director: ¿La foto? ¿Habéis encontrado mi foto?
¿Me la queréis devolver, por favor?

Julia: Sí, claro. Aquí la tiene. Una pregunta sobre las personas de la foto: ¿Por qué está usted aunque la foto es de 1910? ¿Tiene una explicación?

Director: No soy yo. No soy tan viejo. ¿Cuántos años creéis que tengo?

Elías: Creemos que 130 años.

Director: Ja,ja,ja. Es mi abuelo, ¿verdad que somos idénticos? Él fue profesor de este instituto en 1910. La primera clase. Después del Incendio de Santander, todas las fotos se quemaron, y sólo tengo ésta. Para mí es muy importante. Es un recuerdo de familia.

Elías: Sí, parecen hermanos gemelos, es increíble.

Marta: ¿Entonces usted no es un vam…?

Director: ¿Un qué?

Elías: Nada importante. Perdone por todo. Ya nos vamos.

Director: Vale, chicos. Y tú, Elías, la próxima vez ten más cuidado con las olas.

Salimos del despacho del director y vamos hacia el patio.

Julia: ¿Tú crees que dice la verdad?

Elías: No lo sé. Pero si no fue él, ¿quién rompió mi tabla?

---

1 **amenazar** bedrohen – 21 **gemelo, -a** Zwillings- – 26 **tener cuidado** vorsichtig sein

14 El último secreto

Las chicas y yo estamos en el patio del colegio. Nuestro principal sospechoso, ya no es un sospechoso. Marta está algo decepcionada porque el director no es un vampiro como el de sus películas. Estamos hablando porque ahora tenemos otro misterio: si el director no nos amenazó ni rompió mi tabla, ¿quién fue? ¿Y por qué? Estamos haciéndonos estas preguntas cuando vemos que Roberto se acerca.

Elías: Hola, Roberto, ¿cómo estás? El jueves en la playa de la Muerte te fuiste muy rápido. Muchas gracias por dejarme solo.
Roberto: Sí, y lo siento mucho. Yo…
Julia: Tú no estás bien de la cabeza, ¿por qué llevaste a Elías a la playa de la Muerte? Esa playa es muy peligrosa. Y, además, lo dejas solo. Él es nuevo en el surf. Tú sabes que es muy difícil hacer surf allí y él es un novato.

La palabra «novato» me duele. Creo que Julia ha notado que no me ha gustado lo que ha dicho y se pone un poco colorada.

Julia: Perdón, Elías, yo quería decir…
Elías: No importa. Es la verdad.
Roberto: Fue una broma.
Elías: ¿Una broma? Pero, ¿por qué?
Roberto: Bueno, también hice algo con tu tabla.
Elías: ¿Fuiste tú quién cortó mi tabla?
Roberto: Sí, lo siento mucho. Te voy a regalar una nueva.
Julia: Pero, ¿por qué hiciste todo eso?

---

2 **un sospecho** ein(e) Verdächtige(r) – 4 **decepcionado,-a** enttäuscht – 14 **no estar bien de la cabeza** nicht alle Tassen im Schrank haben – 17 **un cabeza, una novata** ein Anfänger, eine Anfängerin

Roberto: Para molestarte, Julia. Tú eres la número 1 en el surf, y te quise poner nerviosa. Además, estaba un poco celoso de Elías. Casi no lo conoces y ahora sois superamigos y a mí me conoces desde haces años y... Pero no te quise hacer daño, Elías. Perdona.

Elías: Bueno, no pasa nada. Pero no quiero más bromas, ¿de acuerdo? Lo mejor es que ya no hay misterio. Ahora voy a poder a domir tranquilo sin esas historias de amenazas y vampiros.

Roberto: ¿Historias de qué?

Elías: Sí, es una historia muy larga. ¿Por qué no vamos a tomar algo? Unas patatas fritas y unos helados.

Julia: Sólo piensas en comer, Elías. Pero eso de los helados es una buena idea. Lo quiero de chocolate con vainilla.

Elías: Roberto, tú puedes ir a comprar los helados, ¿verdad?

Julia: Ja, ja, ja. Sí, es verdad. Ese va a ser tu castigo.

15 Campeonato de surf

Son las 12:30 de la mañana y el campeonato de surf está terminando. Marta y Elías ven cómo hacen surf Julia y Roberto.

Marta: ¿Te gusta el campeonato?

Elías: Sí, es genial. Hay muchos surfistas.

Marta: ¿Dónde están Julia y Roberto?

Elías: Ahora están en la competición, ¿ves a Julia?

Marta: Sí, tiene un traje verde.

Elías: Y Roberto está detrás.

Marta: ¡Ah ya! ¡Mira qué ola! Julia es realmente buena.

Elías: Sí, la verdad Julia es fantástica.

---

1 **molestar** stören – 2 **poner nervioso** nervös machen – **celoso, -a** eifersüchtig

Marta: Uy uy uy. Oye, ¿a ti te gusta Julia?
Elías: ¿A mí? ¿Por qué dices eso?
Marta: Te estás poniendo rojo.
Elías: Porque hay mucho sol. Ven, vamos a ver los puntos, ya han terminado.
Marta: Julia 54, Roberto 49. Julia es primera y Roberto segundo.

Marta y yo vemos a Julia y a Roberto salir del agua.

Julia: Muy bien, Roberto, pero yo soy mejor, lo siento. Quizás la próxima vez.
Roberto: Enhorabuena. Pero el próximo año voy a ganar yo.
Julia: ¡Eh, chicos! ¿Os ha gustado la competición?
Elías: Mucho, el surf es genial.
Roberto: Empieza la fiesta, ¿escucháis la música?
Elías: Son los Rocambole, ¡vamos a bailar!
Julia: Sí, ahora necesitamos divertirnos un rato. Ha sido la semana más increíble de mi vida.
Marta: ¡Mira! El director también ha venido.

El director se acerca a Julia.

Director: Hola Julia. Felicidades, eres una surfista excelente.
Julia: Muchas gracias. ¿Le ha gustado la competición?
Director: Sí, muy interesante. Me gusta mucho el surf. ¿Sabes?, es un hobby de vampiros.
Julia: ¿…eh? ¿¿¿Qué???
Director: Pero es nuestro secreto, ¿vale?
Elías: Hola, director. Nuestra Julia es la mejor, ¿verdad?
Director: Claro. Bueno voy a tomar el sol.
Elías: Chicas, nuestro director está tomando el sol. Seguro que no es un vampiro.
Roberto: ¿Un vampiro? ¿Vuestro director? ¿Estáis locos?
Marta: Es una historia muy larga. Pero ahora vamos a bailar.
Elías: Sí, es una fiesta fantástica, y voy a celebrar que conozco a los dos mejores surfistas de Santander.

1 ¡Cómo cambia la vida!

a) Completa las frases con la información del capítulo «Como cambia la vida».

1. Elías es de ______________, pero vive en ______________.
2. La madre de Elías se llama ______________.
3. La madre trabaja en un ______________.
4. El papá de Elías es ______________.
5. La perra de Elías se llama ______________.
6. La familia de Elías vive cerca de ______________.

b) Busca en la sopa de letras 5 cosas que le gustan a Elías.

H	T	A	H	O	B	I	H	D	O	G	A	V	I	P
I	C	M	A	S	O	J	I	D	E	V	L	O	L	I
P	G	O	V	U	S	A	B	E	R	K	L	A	G	Z
H	O	A	S	U	J	E	H	R	U	P	S	A	M	Z
O	X	O	L	A	F	C	Ó	M	I	C	S	E	Z	A
P	A	H	B	E	C	H	B	U	E	T	R	I	P	K
D	H	E	L	A	D	O	G	P	I	T	E	K	W	A
C	X	H	O	L	E	C	D	I	F	A	T	F	Z	E
I	N	O	A	L	G	O	D	P	O	Z	E	R	I	K
D	R	U	P	I	B	A	D	U	C	A	R	T	E	H
D	Z	P	A	T	A	T	A	S	F	R	I	T	A	S
P	U	Z	S	A	P	E	C	O	J	O	F	U	H	P

2 Santander: Mi nueva ciudad

a) Completa las frases con ayuda de las palabras de las casillas según la información del capítulo.

norte | Surf | Jirafas y gorilas | El Sardinero y los Peligros | Racing de Santander

1. Santander está en el ______________________.
2. El equipo de fútbol se llama ______________________.
3. En la reserva natural hay ______________________.
4. En Santander están las playas de ______________________.
5. En la playa los chicos hacen ______________________.

b) Completa el texto sobre la región de Cantabria con los verbos *ser* o *estar*.

Cantabria ______________ una región que ______________

en el norte de España. La capital ______________ Santander.

En Cantabria el tiempo ______________ frío y llueve mucho.

En Cantabria hay industria y la gente trabaja gracias al turismo.

Cantabria ______________ famosa por sus playas y montañas.

Los pueblos en Cantabria ______________ bonitos y muy

pequeños. Las playas ______________ blancas y el agua

______________ clara, pero ______________ muy fría

porque ______________ el océano Atlántico.

c) ¿Qué hay en Santander? Completa las palabras con ayuda de las letras.

1. Hay m ___ ___ t ___ ___ ___ ___. 2. Hay m ___ ___.

3. Hay un equipo de f___ ___ ___ ___ ___.

4. Hay un p ___ ___ a ___ ___ ___ .

3 En la playa de El Sardinero

Marca si las siguientes frases son **verdaderas** (v), **falsas** (f) o si la información **no está** en el texto.

	v	f	no está
1. Elías es nuevo en Santander.			
2. Julia no es buena en surf.			
3. A Elías no le gusta el surf.			
4. Elías es bueno con el skate.			
5. Centella tiene 5 años y medio.			
6. Julia y Marta van al mismo instituto que Elías.			
7. Elías tiene que volver a casa a las 20:00.			
8. Va a haber un campeonato de surf en Santander.			
9. En Barcelona también hacen surf.			
10. Elías quiere aprender a hacer surf.			

4 El surf no es fácil

a) Une las informaciones correctas de las dos columnas.

1. Roberto	a) sólo le interesa ganar campeonatos.
2. El surf	b) también hace surf.
3. Para Elías	c) enseña a Elías a hacer surf.
4. A Roberto	d) el agua está muy fría.
5. Julia	e) es un estilo de vida.

b) Marca cuáles de estas cosas son necesarias para practicar el surf.

el equilibrio • un ordenador • un beso • un perro • una playa
una película • un traje de neopreno • un edificio • los deberes
un abrazo • un cíber • una ola • tiempo libre • el mar
los abuelos • un campeonato

5 En el salón de actos

Marta dice que los profesores son «enrollados».
Elige entre los adjetivos qué es para ti «ser enrollado».

simpático | divertido | preocupado | gracioso | fenomenal
interesante | aburrido | triste | animado | raro | difícil

6 En el sótano

Contesta las preguntas según las informaciones del texto.

1. ¿Por qué van Julia y Elías al sótano? ______________________

____

2. ¿Cómo se llama el instituto? ______________________

____

3. ¿Cuántos años tiene el instituto? ______________________

____

4. ¿A quién ven Elías y Julia en el sótano? ______________________

____

5. ¿Qué encuentra Julia en el suelo? ____________________

____

6. ¿Por qué están los chicos sorprendidos? ________________

____

7 La sospecha

a) Completa las frases con ayuda de la información del capítulo.

1. En la foto hay unos ______________ niños. Llevan ______________ cortos y ______________ a rayas.
2. Los chicos quieren ______________ qué hace el director en una foto de 1910. Piensan que hay una ______________ lógica.
3. Marta dice que existen varias ______________, por ejemplo el director no es ______________, es un ______________ o un ______________.
4. Marta ha visto en las ______________ que los vampiros no ______________, ______________ y ______________ entre humanos y tampoco ______________, además, ______________ por la noche.

b) Ordena las palabras para saber las aficiones de los vampiros.

1. **R E L E** ____

2. **S C I A Ú M** ____

3. **U T U L C A R** ____

4. **E R L T A T I A U R** ________________________________

8 Empiezan los problemas

Elige la respuesta correcta.

a) Manuel
- ☐ es un amigo de Elías
- ☐ es de Bilbao
- ☐ es el bedel del instituto

b) ¿A qué hora van Julia y Marta a hacer surf?
- ☐ a las seis y media
- ☐ a las siete y media
- ☐ a las seis menos cuarto

c) ¿Dónde quedan Julia y Marta para hacer surf?
- ☐ en la playa de El Sardinero
- ☐ en la playa de la Magdalena
- ☐ en casa de Elías

d) Elías puede alquilar un traje de neopreno
☐ cerca del instituto ☐ en Piquío ☐ en El Sardinero

e) Elías encuentra en el bolsillo de su chaqueta
- ☐ un móvil
- ☐ una nota con un mensaje
- ☐ mucho dinero

9 ¡Qué noche!

a) Contesta las siguientes preguntas sobre el texto

1. ¿Por qué no puede dormir Elías esta noche? ______________

____

2. ¿Por qué piensa que puede haber un gran problema si el director habla con los padres?

____

____

3. ¿Por qué está el padre de mal humor? ______________

____

4. ¿Por qué crees que está Centella nerviosa? ______________

____

5. Elías ve llover y piensa «¡Qué mala suerte!». ¿Por qué?

____

____

b) Completa las frases con los verbos en pretérito perfecto.

Esta noche Centella ______________ (**estar**) muy

nerviosa y por eso ______________ (**ladrar**) mucho.

Mi tabla ______________________ **(romperse)**, pero

no ______________________ **(ser)** un accidente.

Alguien ______________________ **(entrar)** en el garaje

y ______________________ **(cortar)** la tabla en dos trozos.

10 En la playa

a) Marca si las siguientes frases son **verdaderas** (v), **falsas** (f) o si la información **no está** en el texto.

	v	f	no está
1. Por la mañana llueve mucho.			
2. Elías ha alquilado la tabla.			
3. Elías ha desayunado un chocolate.			
4. El agua del mar está muy caliente.			
5. Centella ha ladrado mucho por la noche.			
6. La tabla de Julia se ha roto en dos trozos.			
7. El traje de neopreno de Elías es negro.			
8. Elías sabe que Marta ha cortado la tabla.			
9. Roberto habla con Julia.			
10. Elías tiene mucho miedo.			

b) Corrige las informaciones falsas del ejercicio anterior con la información del texto.

1. ______________________________

2. ______________________________

3. ______________________________

4. ______________________________

5. ______________________________

11 Sin salida

a) En el siguiente texto faltan algunas palabras.
Completa con la información del capítulo.

Elías y Marta esperan a Julia que ha ido a recoger las

___ ___ ___ v ___ s. Marta tiene información sobre el

director, tiene dos g ___ ___ ___ ___ grises y no tiene

h___ ___ o ___. Le gusta mucho la ___ ú ___ ___ ___ ___

clásica y por las noches escucha ___ p ___ ___ ___.

En el sótano los chicos oyen un ruido muy fuerte porque

la ___ u ___ ___ t ___ se ha cerrado. Los chicos están

nerviosos. Buscan en los planos antiguos del instituto una

p___ ___ ___ t ___ secreta. Julia encuentra en el suelo

una t___ ___ m___ ___ ___ l ___, pero está cerrada.

Elías la abre y llegan al c___ ___ ___ ___ ___ ___.

Marta quiere organizar un ___ ___ ___ n y Elías tiene

mucha h ___ ___ ___ r ___.

b) Busca los contrarios.

1. nervioso
2. cerrado
3. antiguo
4. simpático
5. frío
6. mal humor
7. aburrido
8. alegre
9. difícil

12 La playa de la Muerte

a) Las siguientes frases sobre el capítulo tienen algunos errores, ¿puedes corregirlos?

1. Roberto ha visto a Elías en la playa de la Magdalena.

2. Roberto quiere llamar a Julia y Marta para hacer surf.

3. Para ir al playa necesitan una hora y media.

4. Roberto se acerca al agua para ayudar a Elías.

5. La playa de la Muerte es la más tranquila de la región.

b) Completa las palabras en los recuadros para tener más información sobre la playa de la Muerte.

1. Las olas son…

			T							

2. La playa está al lado de un…

					E

3. En la playa de la Muerte hay mucho…

				T	

4. Es una playa muy…

		L						

13 Algunas respuestas

Completa el texto sobre el Gran Incendio con los verbos en indefinido.

En 1941 ____________ (**haber**) un gran incendio en Santander. El incendio ____________ (**comenzar**) en la calle Cádiz y ____________ (**durar**) toda la noche. Las casas antiguas ____________ (**quemarse**) muy rápido y nadie ____________ (**poder**) controlarlo. El incendio ____________ (**llegar**) hasta la catedral. Todo el casco antiguo de Santander ____________ (**desaparecer**) esa noche. Sólo ____________ (**morir**) una persona, pero mucha gente ____________ (**quedarse**) sin casa.

14 El último secreto

Contesta las siguientes preguntas sobre el texto:

1. ¿Por qué está Marta decepcionada?

____

____

2. ¿Por qué le pide Julia perdón a Elías?

____

____

3. ¿Quién cortó la tabla de Elías? ¿Por qué?

____

____

5. ¿Qué castigo recibe Roberto?

____

____

15 Campeonato de surf

a) Ordena la historia de Elías desde el principio.
   Con las letras puedes formar una palabra.

O El director salva a Elías en la playa de la Muerte.
A Elías y Julia encuentran una foto antigua en el sótano.
E Elías llega a Santander.
I Alguien encierra a Elías, Marta y Julia en el sótano.
V Elías conoce a Roberto en la playa.
R Roberto deja a Elías solo en la playa de la Muerte.
L Conoce a Julia y a Marta en la playa.
M Elías recibe una nota anónima.
P Cuando Elías hace surf,w su tabla se rompe.

b) Las oraciones están desordenadas. ¿Puedes poner las palabras en el orden correcto?

1. el | primera | Julia | la | es | campeonato | en

____

____

2. deporte | necesita | horas | el | que | es | surf | un | entrenamiento | de | muchas

____

____

3. la | concierto | los | dan | Rocambole | playa | un | en

____

____

4. un | director | vampiro | es | el | no

____

____

5. 49 | competición | la | puntos | Roberto | consigue | en

____

____